当一天欧洲骑士

我的第一套人类简史

（精选版）

王大庆 ◎ 编著
[西] 劳拉·贝纳文特 ◎ 绘

明天出版社·济南

图书在版编目（CIP）数据

当一天欧洲骑士/王大庆编著；（西）劳拉·贝纳文特绘. — 济南：明天出版社，2022.3
（我的第一套人类简史：精选版）
ISBN 978-7-5708-1298-1

Ⅰ.①当… Ⅱ.①王… ②劳… Ⅲ.①欧洲－中世纪史－儿童读物 Ⅳ.① K503-49

中国版本图书馆 CIP 数据核字（2021）第 231752 号

WO DE DI-YI TAO RENLEI JIANSHI JINGXUAN BAN
我的第一套人类简史（精选版）

DANG YITIAN OUZHOU QISHI
当一天欧洲骑士

王大庆 / 编著　　［西］劳拉·贝纳文特 / 绘

出版人 / 傅大伟
选题策划 / 冷寒风
责任编辑 / 于　跃
特约编辑 / 李春蕾
项目统筹 / 李春蕾
版式统筹 / 吴金周
封面设计 / 何　琳
出版发行 / 山东出版传媒股份有限公司
　　　　　　明天出版社
地址 / 山东省济南市市中区万寿路19号

http://www.sdpress.com.cn　　http://www.tomorrowpub.com

经销 / 新华书店　　　　**印刷** / 鸿博睿特（天津）印刷科技有限公司
版次 / 2022年3月第1版　　**印次** / 2022年3月第1次印刷
规格 / 720毫米×787毫米 12开 4印张
ISBN 978-7-5708-1298-1　　**定价** / 18.00元

版权所有，侵权必究
本书若有质量问题，请与本社联系调换。电话：010-82021443

目录

"野蛮人"入侵	4
国王需要被承认	6
领主建起大庄园	8
修道院的职能	10
争吵不休的国王与教皇	12
纵横海上的北欧海盗	14
王位争夺战	16
谁能拥有大城堡	18
守护与出征	20
如何成为一名欧洲骑士	22
大学诞生啦	24
腓特烈一世征伐意大利	26
爱打架的英国与法国	28
可怕的瘟疫	30
"图书宝库"阿拉伯	32
来自东方的光	34
再见了,拜占庭	36
第三个罗马,莫斯科公国诞生	38
繁荣兴盛的中世纪城市	40
太阳和地球到底谁在中心	44
日本的"中世纪"	46
世界大事年表	48

"野蛮人"入侵

5—6世纪,盎格鲁人、撒克逊人及其他族群,跨过大海侵入了罗马帝国统治下的英格兰地区,建立了诸多小国家。直到9世纪,西撒克逊国王打败诸国,才建立了统一的王国。

3、4世纪的罗马帝国内乱频仍,到了4世纪末期,帝国分裂成了东、西两个部分,即东罗马帝国和西罗马帝国。内部问题还未解决,罗马帝国就迎来了以日耳曼人为主的"蛮族"部落的大举入侵,高卢等地被"蛮族"侵占,罗马帝国陷入内忧外患之中。

西罗马更是连年战乱,越来越薄弱,其首都罗马城甚至被"蛮族"洗劫一空。

历史知多少

日耳曼人是古代欧洲民族集团之一。它包括了法兰克人、西哥特人、盎格鲁人、撒克逊人、汪达尔人等多个民族。

西哥特人曾是罗马帝国的同盟,后来与罗马人反目成仇。西哥特人攻占了高卢西南部和西班牙大部,建立了西哥特王国。

6世纪初,西哥特人被打败,丢失了高卢大部分土地,王国中心转移到了西班牙。

汪达尔人和非日耳曼民族的阿兰人渡海进入北非,攻陷了罗马帝国的迦太基城,建立了汪达尔-阿兰王国。

法兰克人也是日耳曼人的一个分支。在罗马帝国摇摇欲坠时，3世纪时便定居在莱茵河下游地区的法兰克人逐步渗入高卢东北部，后来扩张并占领了高卢大部分地区，建立了自己的国家——法兰克王国。

勃艮第人在高卢东南部建立了自己的国家，后来被法兰克王国征服。

这是一群野蛮人！

我有种不好的预感，噩梦才刚刚开始。

公元476年，西罗马灭亡。罗马帝国仅剩下了东罗马帝国。欧洲进入了中世纪时期。噢，忘了介绍，"中世纪"这个说法是15世纪意大利史学家比昂多提出来的。他是最先将西罗马灭亡到文艺复兴这约1000年的时间称为"中世纪"的人。

一些人认为西罗马灭亡是一个时代结束和下一个时代开始的关键标志。

在中国，我们没有中世纪时期这个说法。

国王需要被承认

如何让战败者服从统治，一直都是件令人头疼的事。

古人常说："打天下易，守天下难。"依靠武力虽然能开国建功、开疆扩土，但是国王想要治理好国家并获得人民的支持，仅靠武力是不够的。建立法兰克王国的国王克洛维发现，老百姓信仰罗马天主教，教会在民众中有着一定的影响力，他可以借助教会的力量加强统治。这让原本不信天主教的他选择了皈依天主教，而臣民们见此，很快便接受了这位新国王的统治。

克洛维得到教会的支持，获得了民心。教会和王权开始紧密联系在一起。

克洛维一世

据说，克洛维在一场战斗中节节败退，就快要全军覆没时，他抬头祈求上帝的保佑，没想到敌军竟真的撤退了。躲过一劫的他皈依了天主教。

法兰克王室实行诸子平分领土的继承制度，国家总不能安定，最终被宫相丕平推翻，建立了新的王朝。教皇为丕平加冕，丕平则送了教皇大片土地，史称"丕平献土"。

即使是后来几乎人人称颂的查理大帝，也接受过教皇的加冕。在公元800年的圣诞节，教皇为查理大帝加冕并授予他"罗马人皇帝"的尊号。

查理大帝在统治期间对外进行了50多次战争，使法兰克王国成为控制西欧大部分地区的大帝国。他加冕成为皇帝后，法兰克王国又称为"查理帝国"。

领主建起大庄园

中世纪初期，一些国王将土地分封给了教会和自己的部下，使得教会和贵族拥有了土地，成了封建领主。同时，居住在封地上的人也被封赏给了封建领主。

封建领主将自己的领地划分成庄园，这些庄园像乡村一样，即一个村子就是一个庄园。人们在庄园里劳作，几乎一切生活所需的物品都能自给自足。

国王
大封建主
小封建主
农奴

中世纪的"金字塔"

在庄园里劳作的人有三类：奴仆、雇工和农奴

土地由我们耕种，庄稼由我们收割，但大部分粮食都属于领主。

我的丈夫和孩子都为领主服务。

我是一个农奴，每周要为领主义务劳动3—4天。算一算，一年中大部分的时间我都在为领主工作。

历史知多少

据说一些封建领主会霸占公共资源，比如森林、草地，以至于农民在冬天想烧柴取暖时，还需要向领主付钱购买森林里的树枝。

领主居住在豪华的大房子里，过着奢侈的生活。他们尽情享受仆役的服务，也常举办各种宴会。

庄园里的农奴没有自由权，他们不能控诉领主，但是领主掌控的庄园法庭可以审判农奴，并向他们收取罚金。

吟游诗人、恋诗歌手和民间职业游唱艺人等以方言写作的歌曲，是中世纪主要的世俗音乐。

据说，在英格兰，国王将要来视察的消息传到某个村子后，整个村子的人都开始装疯。他们用这种方式拒绝迎接国王的到来。

谁知道我们又要缴纳多少钱来为国王修一条路！

我更愿意当个疯子。

春播地

休耕地　秋播地

除了种地外，农奴还肩负着各种杂务：修房子、制作衣服、放牧等。

是的！翻到下一页，我给你讲讲修道院里的故事。

有些庄园里，河中的鱼也属于领主，不能随意捕捞。

不远处的修道院好像很热闹。

修道院的职能

　　修道院又叫"隐修院",是中世纪时期培养神职人员的地方。为了培养识字的修道士,修道院中出现了学校。中世纪早期,修道院学校先设立了抄经室,后又设立了图书馆。修道院成为传播信仰和知识的重要场所。

　　后来,修道院开设的学校分成了内学和外学。内学主要培养神职人员,而外学则培养非神职人员。

　　查理大帝非常重视教育,不仅要求改进修道院学校,还指派教士编辑课本供各修道院学校使用。

　　这个时期诞生的"加洛林体",是拉丁文的一种书写字体。它首次规定了拉丁文大小写字母的使用方法,是现代罗马体的雏形。

　　修道院通过世俗君王的赏赐、诸侯的赠予、信徒的遗赠以及垦荒等方式占有大片的土地。

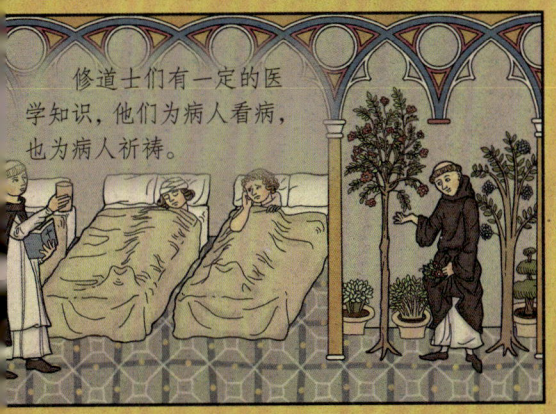

修道院会举办社会救济活动，接济穷人。

一些农民依附于修道院生活。据说，农民在修道院劳作时，能学到相对先进的耕种技术。

修道士们有一定的医学知识，他们为病人看病，也为病人祈祷。

10世纪左右，一些修道院整顿了风气并主张修道受世俗领主的管辖，只听命于教皇。

听说修道院里规矩很严，游手好闲都是罪恶。

早期确实如此，修道士要坚持苦修。

后来由于某些原因，管理松懈了，一些修道士日子过得很不错。

真的吗？我也想去修道院当修道士了。

别想了，想成为修道士，10岁左右就得进入修道院开始学习。

算了算了，我还是老老实实地种地吧。

争吵不休的国王与教皇

国王和教皇相互帮助的局面并未维持多久。教皇认为教会的权力不应由世俗的君主授予，世俗君主也无权干涉教会主教的选举和任命。而被称为"世俗君主"的国王则认为教皇的权力太大，教会的影响力也太大，会威胁王权。因此双方的矛盾越来越尖锐，经常"吵架"。拜占庭国王查士丁尼一世统治时期就曾发生过一次带有党派性质的平民起义。

拜占庭帝国会定期举行赛车会，比赛队伍是代表不同宗教信仰的蓝党和绿党。在一次赛车会上，比赛双方对官吏非常不满，提出要求后又被拒绝，于是演变成了震撼全国的大暴动。

起义军在城市中打、砸、纵火，差点推翻了查士丁尼一世的统治。这场暴动最终以三万余起义军被屠杀而终结。

在国王的权力相对较弱时，教皇甚至能影响国王的地位，使之面临被推翻的危险。

相传教皇格列高利七世提出教会摆脱世俗权力的控制，力主主教和修道院长应由教皇任命，从而与皇帝亨利四世之间爆发争夺主教叙任权的斗争。他下令开除亨利四世的教籍。

权贵们趁机威胁这位皇帝，如果他不能恢复教籍，他们将不再承认他是皇帝。

这种冲突在中世纪可不少见。到中世纪中期，教皇和国王间的争斗愈演愈烈。比如教皇格列高利二世，据说他因拜占庭皇帝利奥三世发起了"圣像破坏运动"，下令开除了利奥三世的教籍。教皇为什么有这么大的权力呢？

谁怕谁！

你不再是基督教徒！

在欧洲国家，开除教籍是很严厉的惩罚。

在教皇的权力还不足以完全与国王抗衡时，他们寻找了外援。比如教皇给法兰克王国的查理大帝加冕，以换取法兰克人的支持，对抗拜占庭帝国的国王。

拜占庭帝国失去了对罗马城名义上的统治。

中世纪早期的欧洲战乱不断，教会带领人们发起反抗并成了众人精神上的寄托和希望。因此教会的地位逐渐提高，有了能与统治者抗衡的权力。

无可奈何的亨利四世只好光着脚在冰天雪地中来到教皇的城堡外，恳求教皇原谅他的罪过。最终格列高利七世取消了惩罚。

因为亨利四世被开除了教籍，国内的百姓不再拥戴他。

即使到了中世纪末期，教会仍在一些欧洲国家占有优势。

13

纵横海上的北欧海盗

中世纪时期,有一群令人闻风丧胆的北欧海盗,他们主要由丹麦人、挪威人和瑞典人组成。从8世纪末到11世纪中期这段约300年的时间里,他们在欧洲肆虐,那些陷入内乱或处于割据状态的东、西欧国家,尚无力量与他们抗衡。

雷神托尔

北欧有许多神话传说,其中塑造了不少英雄人物,比如受人敬仰的英雄——拿着神锤、力大无穷的雷神托尔。

这些北欧海盗凭借本国较先进的造船技术,一边与欧洲各国进行海上贸易,一边又抢劫商船。

丹麦人擅长航海,常南下与其他国家做生意。但他们亦商亦盗,常在夏季时出海进行抢劫。

公元793年,丹麦人袭击了英格兰东北海岸,拉开了北欧海盗时代的序幕。

北欧海盗是当时世界上优秀的航海者。他们用橡木制造出了一种适航性能良好的帆船，航迹远达格陵兰岛和北美大陆。

从公元866年开始，丹麦人进行了大规模远征，并在英格兰建立移民区。英格兰威塞克斯国王阿尔弗烈德率领军队和丹麦人作战，并于爱丁顿之战中大败丹麦人，收回了被攻占的伦敦城。

阿尔弗烈德与丹麦人订立了合约，约定英格兰东北部归丹麦人，史称"丹麦区"。

阿尔弗烈德

11世纪初，丹麦国王一举征服了英格兰全境，成为丹麦和英格兰的国王。丹麦国王克努特大帝建立了包括丹麦、英格兰、挪威、瑞典南部和苏格兰大部在内的"北海大帝国"。

克努特大帝主要留居伦敦，他推行亲善政策，尊重英格兰的民族传统。他统治的时期是丹麦人和北欧海盗时代的鼎盛期。

王位争夺战

哼，我拿回的是属于我的王位！

受海盗困扰的英国，在1066年又遭遇了一次入侵。这场大战以英王哈罗德战死而告终，而入侵者是曾经救过哈罗德的诺曼底公爵威廉。这两人曾经还是朋友。他们之间究竟发生了什么，使得他们兵戎相见呢？

故事开始

① 还未当上国王的哈罗德有一天乘船去往法国，不幸的是，大风将他的船刮到了敌人的领地，可怜的哈罗德成了俘虏。

② 诺曼底公爵威廉听说哈罗德被俘，于是前去营救他。得救后的哈罗德加入了威廉的军队，还立过战功。

④ 不过，英国的老国王在逝世前指定哈罗德成为新的国王。哈罗德违背了与威廉的誓约，即位为英国国王。

⑤ 威廉得知此事后，率领军队来到了英国，他要拿回属于他的王位。

因为威廉的王位是抢来的，后人给了他一个响亮的外号——"征服者威廉"。欧洲许多国王都有外号。据说是因为他们的姓名大量重复，使用"外号"能很方便地区分他们。

相传，威廉踏上英国的土地时，不小心摔了一跤。机敏的他急忙从地上爬起来，大喊："看，我已经将这片土地握在手中了！"

相传，威廉加冕后，他的兄弟命人制作了一条长达70米的"连环画"，讲述威廉征服英国的故事。这幅连环画就是"巴约挂毯"。

历史知多少

"巴约挂毯"是用不同颜色的绒线绣制而成的。传说在法国大革命时期，它险些成了马车的顶盖。

③ 后来，哈罗德发誓，他将永远效忠威廉，并许诺支持威廉成为英国的国王。

挂毯上的故事没讲完呀，国王的加冕呢？

保存不当，弄丢了。

⑥ 侵略者们开始烧杀劫掠，伦敦周边的村庄都受到了毁灭性的破坏。哈罗德率军迎战，在战场上被乱箭射中，战死。威廉成功征服了英国。

为了更好地统治英国，威廉命人对全国土地进行了调查，将每个庄园的面积、各类农民的人数等信息汇编成了《末日审判书》，便于财政管理和收取租税。

威廉是法国人，英国的官方语言变成了法语，不过教堂里仍然使用拉丁语，而普通的英国人民则说着古英语。相传当时日常使用的猪、牛、羊等词来源于普通的英国农民，而餐厅菜单中的猪、牛、羊则是法语。

这份文书就像末日审判一样，不容任何人否认！

Pig

谁能拥有大城堡

在童话故事中，城堡里住着美丽的公主，还有负责保护公主的骑士。实际上，最早的城堡并不是为公主而建的，骑士的主要职责也不是保护公主。城堡被称为"欧洲早期要塞"，大多是封建主为守卫领地而建的。9世纪开始，从中亚到西欧修建起了许多封建主的城堡。

有的城堡由简单的土木材料建造而成，建筑材料易得，建造快，但木城堡经不起火攻。另一种城堡由石头砌成，工期虽然比木城堡长，但它更加坚固，且不怕火攻。

土木材料城堡

一旦发生战争，城堡就是坚实的堡垒，能帮助士兵抵御外敌。敌人想占领某片区域，就得先攻下该区域的城堡。在和平时期，城堡可以作为住宅、仓库甚至是集市来使用。

城堡需要定期维护、修缮。

城堡主人：欢迎来到我的领地，这座大城堡是我的家。

牧师：远道而来的客人，愿上帝保佑你！我要去给孩子们上课了。

骑士：城堡是防御用的堡垒，作战时的屏障！我是城堡的守卫。

仆役：有的人可以在城堡里享受一切，而我们不仅没有自由，还要完成繁重的工作。

历史知多少

贵族可以建造城堡，但是需要得到国王的许可。

石头城堡

城堡主一家的生活非常奢华，他们拥有自己的房间，可以做自己喜欢的事。而在城堡工作的人通常是好多人一起住在狭小的屋子里。

哨兵在高耸的塔楼上站岗，他们发现敌人后会发出特殊信号相互通报情况。

大厅是城堡中最大的房间，几乎所有活动都在大厅里举办。看，领主又在办宴会啦！许多杂耍演员在为宾客们表演节目。

厨房的储物室里存放着许多盐、腌肉和酒。

孩子们在玩扮演骑士的游戏。骑在肩上的是"骑士"，托举"骑士"的人则是"战马"。

这个人正在烤肉，他需要不停地转动烤架。在许多年后，人们将狗放到跑轮上跑，以带动烤架转动，代替人做了这份工作。

这里是厨房。帮佣正在研磨香料，切菜和切面包。据说，有的城堡主人和宾客们吃饭时不用盘子和碗，菜会被盛放在厚厚的干面包片上。

守护与出征

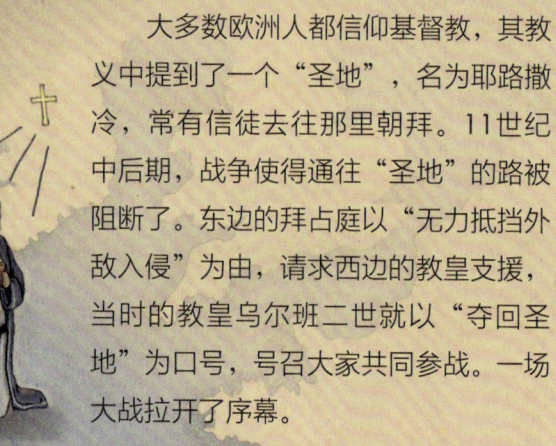

大多数欧洲人都信仰基督教,其教义中提到了一个"圣地",名为耶路撒冷,常有信徒去往那里朝拜。11世纪中后期,战争使得通往"圣地"的路被阻断了。东边的拜占庭以"无力抵挡外敌入侵"为由,请求西边的教皇支援,当时的教皇乌尔班二世就以"夺回圣地"为口号,号召大家共同参战。一场大战拉开了序幕。

传道者将教皇的号召散播到各个角落,无论是贵族还是贫民,都积极加入了这场战斗。

因为参军人员衣服上都有"十字"标识,军队由此得名"十字军"。据说,很多人以成为一名"十字军"战士为荣誉。

相传,其中一次出征的"军队"是由一群孩子组成,被称为"儿童十字军"。

这一场声势浩大的战斗仅是个开始,其后的近200年内,这样的出征共有8次,但只有第一次出征取得了胜利,其他几次都让欧洲人损失惨重。

"我们挡不住啦,快来帮忙呀!"

11世纪中期,拜占庭没能抵挡住从中亚地区入侵的敌人,丢掉了大片的领地。

十字军攻占了耶路撒冷并建立了耶路撒冷王国,为第一次出征画上胜利的句号。为了维护统治,保护"圣地",他们还组建了骑士团。

第四次出征时,骑士们被精明的威尼斯商人利用,以帮助他们打击威尼斯的商业竞争对手,威尼斯得以一跃成为海上霸主。

这漫长的出征最终以十字军的失败告终,但它使东西方之间的商贸活动日益频繁,欧洲的造船、农业生产等技术得到了提高。

如何成为一名欧洲骑士

想要成为骑士的男孩们会在7岁左右开始接受训练。

他们要做各种杂务。

他们要学习骑马、游泳、投枪、击剑、打猎、弈棋和吟诗。

相传，他们到14岁成为侍从后，才能随骑士出征。侍从还不是骑士。

骑士是西方中世纪时期的明星，是人们心目中最理想的"男子汉"。

圆桌骑士是亚瑟王领导的骑士团。他们每次议事时都在圆桌边就座。圆桌意味着座次上没有地位差别，每个人都可以自由发言。

受战争影响，骑士一跃成为"基督的战士"，并逐渐形成了各种"骑士团"。

圣殿骑士团与条顿骑士团是当时较大的骑士团。它们有过一段辉煌时期，后又被迫解散。

普通骑士需要自己准备马匹、盔甲、刀剑等装备。

这些非常精美的盔甲属于贵族骑士或国王。

马上比武不仅是模拟战争，更是操练和展示新武器的好机会。这项活动备受追捧，比赛中获胜的骑士们也会成为人们心中的偶像。

除圣殿骑士团、条顿骑士团外，在西班牙、葡萄牙等国又陆续出现了一些较小的骑士团，如西班牙圣地亚哥骑士团等。

如果一名侍从认为自己已经可以独当一面——通常情况下也因为他们成年了，就可以接受册封和洗礼，成为骑士。

骑士的册封仪式

净身

领受圣餐

接受宝剑

23

大学诞生啦

11—13世纪是西欧的繁荣期，人们对教育有了新要求，从而促使大学产生。最早的大学于12世纪出现在经济力量最强的意大利、法国和英国。

是的，这是大学师生们拥有的特权。

听说上大学后，能够免除赋税和服兵役的义务。

历史知多少

中世纪大学的课程一般有文学、法学、医学和神学4科。中世纪早期，神学号称"一切科学的王冠"，而学习文学是为学习其他学科做准备。

一部分大学由学生建立，学生为管理者。另一部分大学则由老师建立，老师为管理者。影响较大而且具有代表性的大学有萨莱诺大学、博洛尼亚大学、巴黎大学、牛津大学和剑桥大学。博洛尼亚大学是欧洲最古老的大学。

巴黎大学源于曾经的主教学校和僧侣学校。相传这所大学诞生于巴黎圣母院的大教堂。

巴黎大学是欧洲最古老的高等学府之一，它由教师团体建立。后来欧洲许多国家都模仿它的形式建立了自己的大学。到文艺复兴之初，欧洲的大学已达80所左右。

巴黎大学

牛津大学

剑桥大学也是英国最古老的大学之一，它由一些从牛津迁到剑桥的学者、僧侣所建。

剑桥大学

这三所大学是先有老师，后招学生的大学，老师是管理者。

牛津大学是英国最古老的大学之一，最初是贫苦学者合居读书之处。

除了大学教育外，欧洲还实行以师傅带徒弟的方式在工作中传授知识、技能和经验的"学徒制"。

由学生主管校务的大学，学生可以决定请谁当教授、学费收多少、一学期有多长以及每学期多少节课等。

不同地区的学生会组织自己的团体，保护自身的权利。教授也会组织自己的团体。据说，这样的团体是学校的"前身"。

我们组建一个同乡会吧。

您愿意来我们学校任教吗？

啊……这……能换道考题吗？

中世纪大学以拉丁语作为教学语言，而拉丁语也是西欧各民族间的交际语言。因此，在国际性质的大学中，来自欧洲各地的学生都可以聚集在一起交流和学习。

据说，在学生作为管理者的学校里，教授们为了与掌权的学生"抗衡"，设置了各种考试和标准来检验学生的水平，以决定是否授予该学生学位。

早上好。

你的拉丁语说得很标准了呢！

昨天的拉丁语测试，我通过了。

真是太好了。

哪里标准？听上去仍有一股法国味儿。

腓特烈一世征伐意大利

"这一次，找个什么理由去意大利呢？"

12世纪中叶，德意志国王腓特烈一世由教皇为其加冕成为皇帝，从1157年开始，德意志帝国被称为"神圣罗马帝国"。不过，成为皇帝的腓特烈一世与教皇的关系依旧很差。他在位期间没少发兵攻打教皇所在的意大利。

历史知多少

查理大帝逝世后，他的孙子们签订了《凡尔登条约》，法兰克帝国被分成了西法兰克、中法兰克和东法兰克。后来，它们逐渐演变成了法兰西王国、意大利王国和德意志王国。

腓特烈一世即位后，把控制和掠夺意大利（因为教皇及其主要势力在意大利）作为国策，企图重建对意大利北部和中部的统治，因此他频频征伐意大利。

相传，教皇已答应为腓特烈一世加冕，但加冕仪式还没举行教皇就去世了。新即位的教皇却因加冕礼节问题与腓特烈一世闹出矛盾，腓特烈一世一怒之下发兵攻打了意大利。

第一次征战

"给我牵马。"

"做梦去吧！"

据说腓特烈一世大肆屠杀无辜，胡子都被鲜血染红了，因此得名"红胡子"。

第二次和第三次征战

腓特烈一世成为皇帝后不久，第二次出兵意大利并征服了意大利米兰。但他的统治太过暴虐，米兰城里起义不断，他不得不发动第三次战争，这一次几乎毁了米兰城。

教皇开除了腓特烈一世的教籍，但并未吓住腓特烈一世。

"谁怕谁？"

第四次征战

第四次攻打意大利时，据说腓特烈一世的大军直接吓跑了教皇。然而，他们后来遭受了瘟疫的侵袭，腓特烈一世也险些丧命。

第五次出征意大利时，腓特烈一世做足准备，要与教皇和教皇的支持者伦巴第同盟决一死战。但他这一战惨败，还差一点丢了性命。

第五次征战

> 都是因为你，我才输的！

> 我错了，请原谅我。

腓特烈一世将第五次出征的失败归咎到没有来帮忙的盟友"狮子"亨利的头上，不仅没收了亨利的领土和财富，还将他流放。

战败后，腓特烈一世不得不服软，向教皇忏悔，希望得到原谅。

腓特烈一世到60多岁时仍未停止征战。他参加了第三次十字军出征。但这是他的最终之战。

第六次"征战"

到了第六次出征，腓特烈一世终于想好以什么理由去意大利了——为儿子办婚礼。

德意志王国与教皇的"邻居"——位于意大利半岛的西西里王国联姻，有力地打压了教皇的势力。

他在行军过程中溺水而亡，一代英雄就此退出了历史舞台。

爱打架的英国与法国

英国王室和法国王室存在着亲戚关系，英国国王同时也拥有法国王位的继承权。如此一来，王位之争总是频频上演。他们断断续续地打了百余年，后人称之为"英法百年战争"。

导致战争爆发的直接原因竟是英国不向法国出口羊毛了。

我也有权成为法国国王！

英国国王爱德华三世的母亲是法国公主，所以他拥有法国王室血统。

爱德华三世为争夺王位，挑起了英法两国长达百年的战争。

原本是一场王位争夺战，但是到后来，它严重影响到了老百姓的生活，人民开始起来反抗。战争中诞生了许多平民英雄，其中还有一位女英雄——贞德。

贞德率领军队解救了被英军围困数月的奥尔良城，成了闻名法国的女英雄。后来她还多次带兵打败侵略者，从而帮助法国王子加冕为王。

1337　1340　1350　1360　1370　1380　1390　1400

这漫长的100多年里，其他国家发生了诸多大事件。

黑死病暴发　　薄伽丘写下《十日谈》　　明朝建立　　故宫建成

28

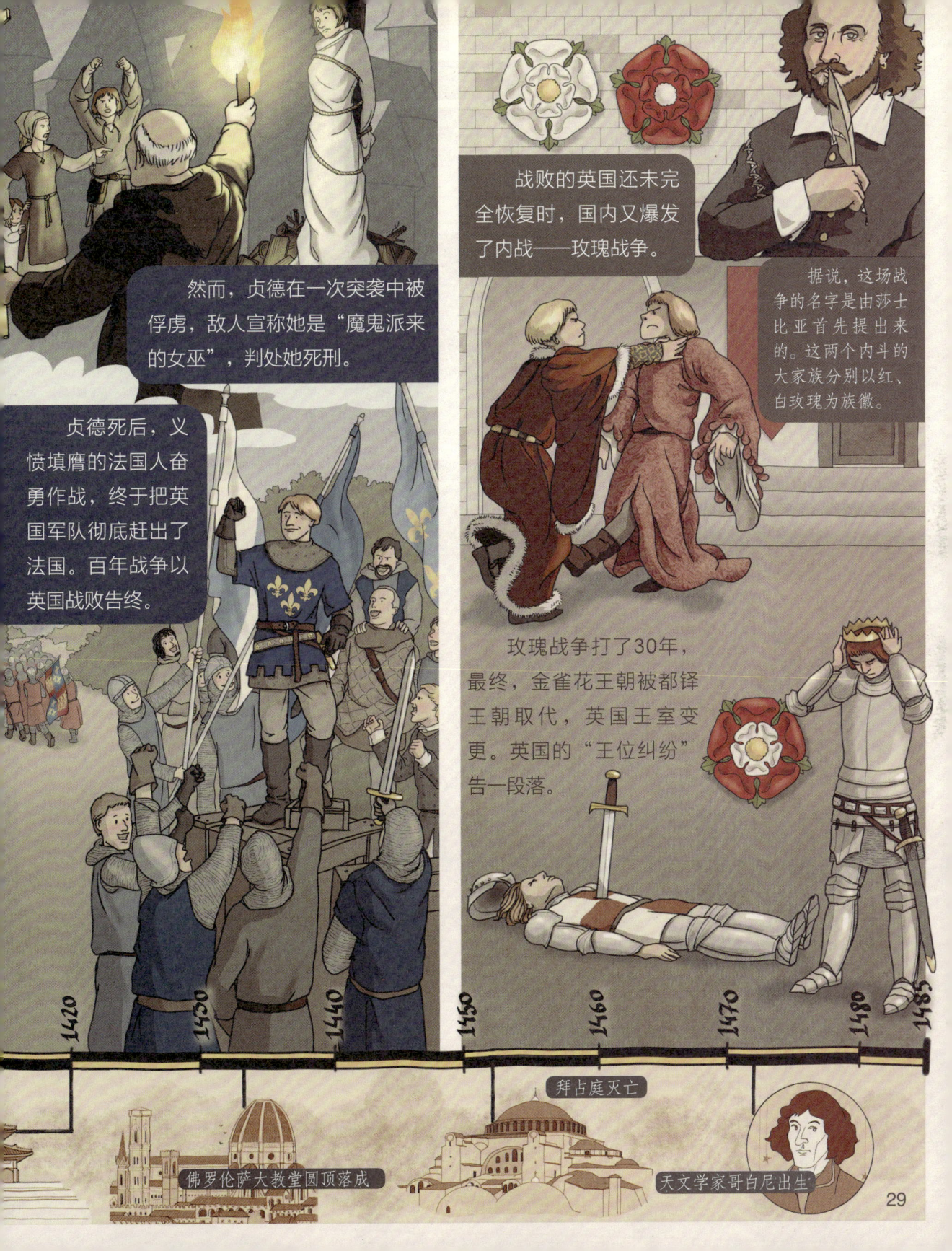

然而，贞德在一次突袭中被俘虏，敌人宣称她是"魔鬼派来的女巫"，判处她死刑。

贞德死后，义愤填膺的法国人奋勇作战，终于把英国军队彻底赶出了法国。百年战争以英国战败告终。

战败的英国还未完全恢复时，国内又爆发了内战——玫瑰战争。

据说，这场战争的名字是由莎士比亚首先提出来的。这两个内斗的大家族分别以红、白玫瑰为族徽。

玫瑰战争打了30年，最终，金雀花王朝被都铎王朝取代，英国王室变更。英国的"王位纠纷"告一段落。

1420　1430　1440　1450　1460　1470　1480　1485

佛罗伦萨大教堂圆顶落成

拜占庭灭亡

天文学家哥白尼出生

29

可怕的瘟疫

薄伽丘的名作《十日谈》里就提到了这种可怕的疾病。

14世纪中期，一种被称为"黑死病"的鼠疫开始在欧洲蔓延。黑死病是一种非常可怕的传染病，病人会出现高烧、呕吐、呼吸困难等症状。许多人因此死亡。

当时的欧洲人不爱洗澡，不注意个人卫生，大大增加了感染病毒的概率。

当时的医学十分落后，人们并不知道黑死病是由病菌引起的，也不知道鼠类和一些野生啮齿动物是主要传染源。

这场可怕的瘟疫夺走了欧洲近三分之一的人口。城镇受害者多于乡村，城镇中以修道院受害者最多，有时整个城镇或家族的人全部死亡。

瘟疫先在地中海各港口传播。为了防止疫情从海上传来，威尼斯人首创了40天检疫制。外来人员必须在港外停泊的船上隔离40天。

据说瘟疫的蔓延与战争有关。

随着瘟疫大流行，欧洲许多地方自发采取了隔离措施，防控疫情。

面对可怕的瘟疫，即使当时医疗条件不发达，医生们仍然走到了与瘟疫战斗的前线。

据说，鸟嘴面具等防护用具在瘟疫暴发后两百多年才出现。

这场瘟疫给当时的欧洲带来了空前的灾难，虽然让人类付出了惨痛代价，但是人们还是坚强地度过了这段可怕的岁月。

"图书宝库"阿拉伯

当欧洲的知识被修道院和教会掌控时，他们的"邻居"阿拉伯帝国开启了一场持续约200年之久的书籍翻译运动，所翻译的书籍几乎涉及一切科学领域。相传，因为翻译运动，阿拉伯人拥有了大量的书籍，那里几乎遍地都是"图书馆"。

据说由于战争影响，许多阿拉伯学者带着书籍逃往欧洲，其中很多都是关于科学的书籍。

阿拉伯帝国因战争、内乱等因素走向了灭亡，但是阿拉伯人翻译并保留下来的欧洲古典著作经由西班牙和西西里岛等地又传回了欧洲，弥补了欧洲文化的"断层"。

随着国家之间的商贸往来，阿拉伯先进的医学知识、科技和精美的手工艺品等慢慢传入欧洲。

有一个叫斐波纳奇的意大利人游历了埃及、希腊、西西里岛等地，熟悉了多国商贸用的算数体系。后来，他回到欧洲，写下著作《计算之书》，该书对欧洲数学有着深远影响。

你们最近在看什么书？

我在看《一千零一夜》，里面的故事太有趣了。

我在看如何制作香皂的书，希望书里的方法有用。

阿拉伯与中国在怛（dá）罗斯这个地方"打了一架"后，中国的造纸术传入了阿拉伯，纸的出现使书籍制作更方便了。

到了15世纪中期，一个叫谷登堡的商人发明了铅活字印刷机。这下不用再手抄图书了，批量印制书籍的时代即将到来。

据说，因战争影响，谷登堡的工厂在战火中被毁，印刷工人流落四方，将谷登堡的铅活字印刷技术散播到了欧洲各地。

《谷登堡圣经》亦称《四十二行圣经》，因其每页两栏，每栏均为42行而得名。

33

来自东方的光

"我叫马可·波罗,请听听我的故事吧。"

航海一直以来都是件非常危险的事情,经过前辈们多年的探索,东西方国家之间建立起了一条相对安全的海上路线——海上丝绸之路,也称"海上陶瓷之路"或"海上香料之路"。威尼斯的港口时常停靠着从东方回来的货船,它们满载着深受欧洲人喜爱的香料、丝绸、瓷器等货物。

这条新兴的国际海上贸易之路让沿岸的国家也成了受益者。不过在欧洲,威尼斯比其他欧洲国家和地区在海洋上更有实力,据说,威尼斯几乎垄断了海上贸易之路。

历史知多少

马可·波罗是历史上著名的旅行家。据说他在中国生活了约17年,他将所见所闻口述出来,由他人笔录整理出了著名的《马可·波罗游记》。

在欧洲广为流传的《马可·波罗游记》,虽然被大多数人认为是"天方夜谭",很不可信,但人们开始对东方产生热烈的向往。

这一时期,欧洲人对世界有了一种新的认知。修道院中,一部分修士踏上了"苦行僧"之路。

位于东方的中国，此时正处于元朝时期，国土空前辽阔。

中国人建造起恢宏的王城和富丽堂皇的宫殿，有时皇帝会乘坐象轿出行。

中国有贯通南北的大运河，河里满载货物的商船川流不息；在陆地上，人们广建驿站，利用马匹运送货物，传递消息。

码头上，商人们将香料、丝绸、棉花和瓷器等货物装船，运往世界各地。

中国的瓷器更是精美绝伦——制瓷技术被严格保密，欧洲暂时还无法掌握这项技术。

中国的丝绸织造技术已有几千年历史。

再见了，拜占庭

在1453年5月29日，一条重大"新闻"在欧洲各地"炸开"。

"谁攻破了君士坦丁堡的超级防御墙？"

"是奥斯曼！"

重大新闻！君士坦丁堡陷落，罗马帝国彻底灭亡了！

强大的奥斯曼帝国向拜占庭帝国发起了总攻，其在1453年5月攻陷拜占庭帝国首都君士坦丁堡，拜占庭帝国灭亡。

让我们将时间倒退回战争开始前。15世纪初，拜占庭帝国只剩下了首都君士坦丁堡和一小部分领土，而它隔壁的奥斯曼帝国还在不断地东征西讨，扩张地盘。

许多人不敢相信拥有强大防御墙的君士坦丁堡会被攻破。千百年来，这套防御系统一直守护着城里的人民。

拜占庭帝国的灭亡不仅导致连接欧亚大陆的主要陆上贸易路线中断，还影响了人们的思想、生活和科技发展。

传说，在城破的时候，一位天使下凡，拯救了准备奋战至死的拜占庭末代皇帝君士坦丁十一世，并把他变成了大理石像，基督徒再次征服这座城市的时候，他会重返王位。

人们开始认真考虑从海上去往亚洲的可行性。葡萄牙人和西班牙人已在准备航海，这促成了新大陆的发现。

许多学者带着罗马帝国的文明来到了意大利。

一些学者认为，君士坦丁堡的陷落标志着中世纪时期的结束以及文艺复兴时期的开始。

军事方面，大炮和火药开始得到广泛使用。

历史知多少

拜占庭帝国灭亡后，奥斯曼帝国迁都至君士坦丁堡，并将其更名为"伊斯坦布尔"。

第三个罗马，莫斯科公国诞生

6世纪时，在欧洲的东部就生活着一群东斯拉夫人。后来，北欧海盗中的瓦朗几亚人在首领留里克的带领下打败并统治了东斯拉夫人，建立了第一个罗斯国。

"我们土地辽阔，但没有秩序，请你们来帮我们管理国家吧！"

到了9世纪后期，第二任王公奥列格征服了基辅和周边的国家，迁都到基辅，建立了基辅罗斯大公国。

罗斯第一部编年史《往年纪事》记载：留里克兄弟三人是应当地贵族之邀，前来统治这片土地的。

相传，基辅罗斯时常"骚扰"拜占庭，其商贸往来总充斥着"你不跟我做生意，我就要打你"的威胁之意。

基辅罗斯人很擅长与周边国家做生意，他们的毛皮、木材、蜂蜜等顺着伏尔加河销往阿拉伯和拜占庭。不同的文化和先进科技也通过贸易往来传到了这里。

基督教从拜占庭传入罗斯。

到了"远征"不断的13世纪，蒙古铁骑横扫欧亚大陆。基辅罗斯公国在战争中灭亡，蒙古人在这里建立了金帐汗国，开始了对此地近300年的统治。

金帐汗国统治末期，日渐强盛的莫斯科公国被亡国的拜占庭末代贵族视为"最后的希望"，拜占庭公主嫁给了莫斯科公国的伊凡三世，使莫斯科公国成了拜占庭的合法继承者。

有人认为莫斯科公国的国徽是在拜占庭帝国的双头鹰国徽的基础上设计而成的。

历史知多少

拜占庭公主嫁给伊凡三世时，带去了大量书籍，这些书是在拜占庭帝国灭亡前从君士坦丁堡抢运出来的。这些书籍促进了莫斯科公国的文化发展。

莫斯科公国借着"拜占庭继承者"的名义，征服了周边的几个公国，甚至摆脱了金帐汗国的控制。因为拜占庭是罗马帝国的后继者，所以也有人称莫斯科公国为"第三个罗马"。

罗马还没灭亡，它就是莫斯科公国！

繁荣兴盛的中世纪城市

中世纪时期,欧洲仍保存了罗马时代的一些城市。到了11世纪,西欧各国的部分旧城开始复苏,同时也有新的城市诞生。

公元6世纪,巴黎成为法兰西王国的首都。塞纳河右岸逐渐成为商贸中心,市场经济也随之兴盛。

巴黎圣母院从1163年开始建造,耗时将近两个世纪才完工。

伦敦

这里是伦敦!

11世纪,伦敦的人口达到了两万人。作为英国的首都,伦敦成了商业和政治中心。

据说,这时的伦敦,男士流行穿尖头鞋,而女士们已经开始染发、烫发、涂眼影和口红。

巴黎

巴黎的环境有点糟糕。人们仍将粪便倾倒在街上。

威尼斯

威尼斯真的是建在水上的!

14世纪的威尼斯共和国进入了全盛时期,其中心城市成为地中海和黑海地区的商贸中心。

11世纪时，逐渐强盛的热那亚曾与威尼斯展开了多次战争。到15世纪初，它成为地中海最强大的城邦国家之一。

马可·波罗就是在热那亚的监狱里口述了他在中国的所见所闻。

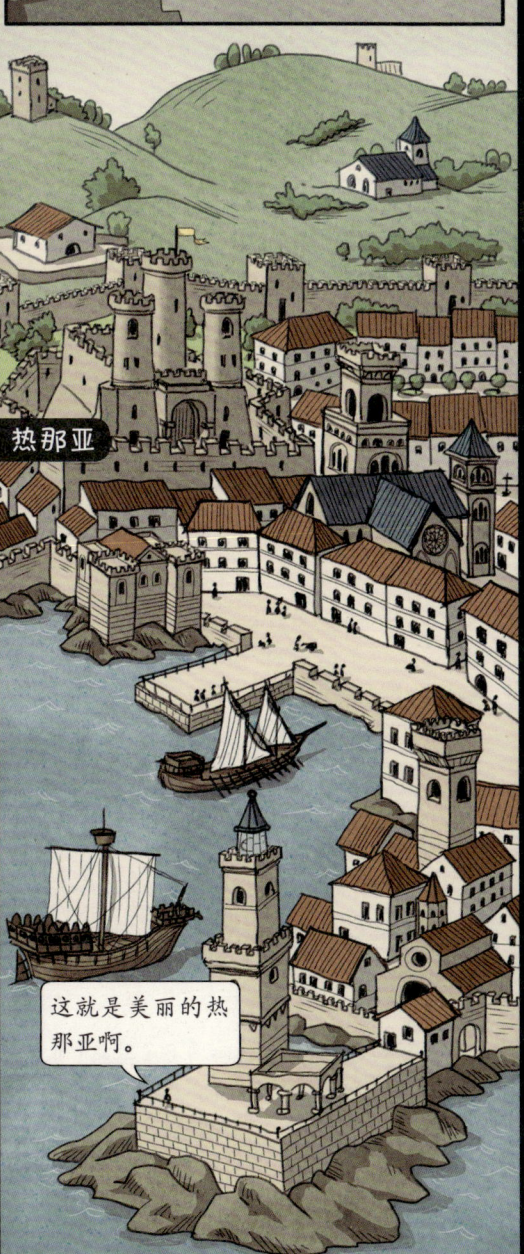

佛罗伦萨的市徽图案是鸢尾花。

13世纪，佛罗伦萨因纺织业崛起，成为当时意大利的重要城市，它也是文艺复兴的发源地。

热那亚

佛罗伦萨

这就是美丽的热那亚啊。

欢迎来到佛罗伦萨。

飞狮是威尼斯的标志。

相传，中世纪的城市形成了一种惯例：农奴逃进城里并住满一年零一天，就能获得自由人的身份。因为封建地主开始圈地，很多农民失去了赖以生存的土地，不少人涌入了城市，促进了城市发展。

这段时期的手工业开始兴盛，城市商人兴起，西欧城市中出现了大量集市。

制鞋工匠　　铁器工匠　　陶器工匠　　钱币兑换商

欢迎来到布鲁日，今天的集会非常热闹！

集市上能找到各种香料、酒，甚至有餐桌摆放在店铺周围，人们可以在这里享受一顿露天午餐。

相传，夜晚的城市几乎没有照明，人们大多会留在家里。城墙上和街道上会有四处巡逻的守夜人，他们的主要任务是预警火灾。如果发现行踪诡异的人，他们会将其逮捕。

历史知多少

布鲁日是欧洲中世纪时期繁荣的港口城市。欧洲许多国家满载商品的船只停靠在这里的港口，琳琅满目的货物被运到这里进行交易。

在一些城市中，走在街上时要小心街道两旁的居民泼出的排泄物！没错，人们会将污水、粪便直接泼洒在街道上，尤其是居民区。

在这样热闹的地方，各种神话和传说被口口相传，成为民间故事的"温室"。

《列那狐的故事》是法国流传甚广的民间故事。列那狐敢于捉弄国王、愚弄权贵、嘲笑教会、诛杀朝臣，是作为反封建斗士的形象出现的。

我想你听说过我！

亚瑟王与梅林是英格兰传说中的英雄和巫师（也有人称梅林为"魔法师"）。相传亚瑟王在梅林的辅佐下成就了一统天下的霸业。

独角兽是古希腊罗马文化留给中世纪的"遗产"，在《自然学史》一书中出现，并成为传说。

历史知多少

中世纪后期，城市文学兴起，商人和工匠开始自己创造充满活力、淳朴幽默的短篇讽刺诗。

罗宾汉是英国民间传说中的英雄人物，人称汉丁顿伯爵。他武艺出众、机智勇敢，是一位劫富济贫、行侠仗义的绿林英雄。传说他住在舍伍德森林。

43

太阳和地球到底谁在中心

哥白尼

柏拉图

15世纪前,绝大部分人都认为地球是宇宙的中心,太阳、月亮以及天上所有的星星都在围绕地球旋转。这种思想又被称为"地心说"。然而,不是所有人都对流传的"真理"信以为真,哥白尼就是其中之一。

历史知多少

地心说诞生在一千多年前的古希腊,由著名的哲学家柏拉图提出,后来亚里士多德、托勒玫等将其"发扬光大",一直影响着后世。

水星

哥白尼推崇"太阳才是中心,地球等围绕太阳旋转"的"日心说",这一学说违背了罗马教会的主张,他甚至预见了这一观点公之于众后会被教会判定为"异端邪说"。他论述天体运行方式的著作险些被埋没,幸而得到了朋友们的帮助才顺利出版。

太阳

> 地球是圆的,它不停地自转,并围绕太阳公转。

> 他居然说大地是个圆球,而且一直在转动!

> 教义里说了大地是静止的。

> 这个人瞪着眼睛说瞎话呢。

有人认为罗马教会不允许《圣经》和教义被质疑,是因为他们需要用这些规矩和信仰来维持自己的统治和地位;也有人认为,在当时,这些规矩和信仰维持着人与人之间的公平和权利分配。

> 《圣经》说,做了坏事的人会受到上帝的惩罚,谁都别想逃脱。

> 我们可不敢做坏事。

> 如果《圣经》是错的,那做了坏事根本不会有惩罚!

> 没有惩罚难道就可以做坏事了吗?

> 当然不能!

44

托勒玫

木星

伽利略

不过真理不会被磨灭。很久以后，一个叫伽利略的人发明了天文望远镜，并通过望远镜看到了能够证明"日心说"的天象，这才让那些只相信"眼见为实"的人开始关注"日心说"。

地球

火星

金星

历史知多少

布鲁诺是"日心说"的拥护者，他积极宣扬"日心说"。教会将他视为异端分子，抓捕他后，判处他火刑。

违背常理的事总是不容易被接受，更何况是在科学并不十分发达的中世纪。不过，欧洲受到掌握"先进知识"的阿拉伯和中国的影响，思想也慢慢地发生了变化，文艺复兴的火苗已经点燃。

阿拉伯百年翻译运动中，经过一批又一批的翻译员不懈努力，让阿拉伯人掌握了大量古希腊和古罗马时期的科学技术。这些知识后来也流传到了欧洲。

东方之国——中国在各方面都遥遥领先欧洲，各种发明创造层出不穷。借由商贸往来，东西方文化相互影响。

45

日本的"中世纪"

据说，因为当时的日本人不太会织布，船帆是用竹条编织的竹帘。

遣唐使回国后，利用自己所学为日本的发展做出贡献。这个时期的日本在建筑、文字方面都发生了变化。

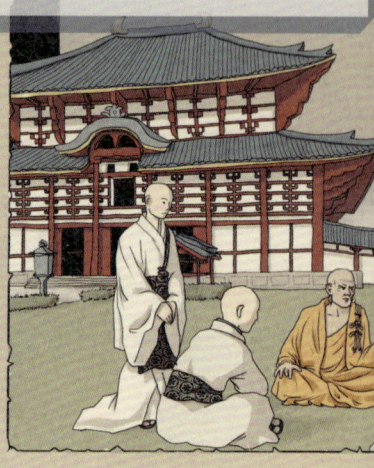

中世纪时期，欧洲以外的其他地方也在不断发展。在东方，日本天皇曾多次派人渡海前往中国，学习中国先进的文化、科技和典章制度。

这些人被称为"遣唐使"，他们冒着生命危险渡海去往中国。

相传，因为人们能够携带的货物有限，每个人每餐吃多少食物都被严格控制。食物也多是易于保存的干货。

当时航海技术落后，出海是件非常危险的事情，不是所有人都能平安抵达目的地。

大部分遣唐使会在大唐首都长安生活一年左右，他们要尽快学会想学的中国文化和科技知识，回到故乡。

日本兴建了许多仿唐朝风格的建筑，其中唐招提寺是日本最具代表性的唐代木结构建筑。

日本人在中国文字的基础上创造了自己的文字。

日本也很欢迎其他国家的人前来学习交流。

中世纪时期，一些东南亚国家也曾与中国建立友好关系。

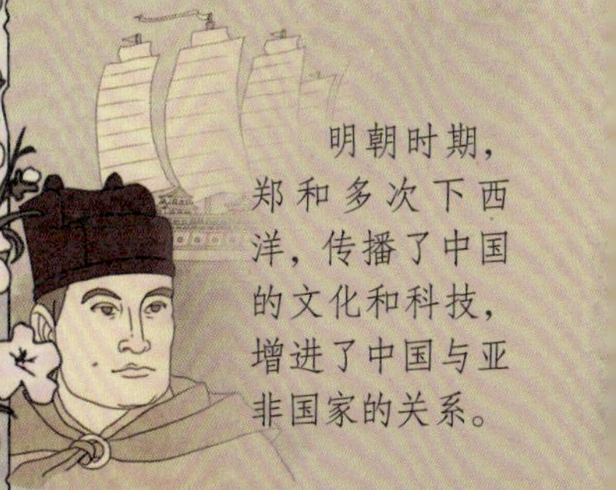

明朝时期，郑和多次下西洋，传播了中国的文化和科技，增进了中国与亚非国家的关系。

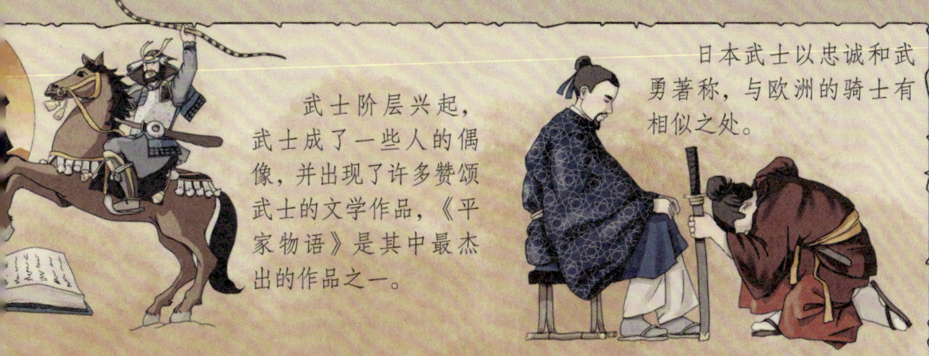

武士阶层兴起，武士成了一些人的偶像，并出现了许多赞颂武士的文学作品，《平家物语》是其中最杰出的作品之一。

日本武士以忠诚和武勇著称，与欧洲的骑士有相似之处。

中世纪中期，真腊王国是东南亚地区的强国之一，与中国保持着友好关系。

12世纪末，武士掌权的幕府登上历史舞台：天皇的权力被削弱，国家真正的掌权人变成了征夷大将军，并诞生了日本第一个幕府——镰仓幕府。日本幕府时代开始了。

武士被召集起来保卫贵族庄园、神社寺庙，慢慢形成了武士军团。到了15世纪中后期，强大的武士军团开启了争斗不断的战国时代。

13世纪，泰国建立了素可泰王朝。其国王曾遣使访问中国。

47

世界大事年表

公元 481 年

外 克洛维一世成为法兰克人酋长之一。486 年，王权确立。

中 中国处于南北朝时期，南朝齐建立的第三年（公元 479 年南朝宋亡，南朝齐开始）。

公元 590 年

外 罗马教皇格列高利一世在位，制定教会祈祷歌曲，史称"格列高利圣咏"。

中 中国隋朝已于公元 589 年完成南北统一，南北朝时期结束。

公元 1008 年

外 世界最早的长篇小说之一日本《源氏物语》成书（约 1007—1008 年）。

中 中国第一部官修韵书《广韵》问世。

公元 800 年

外 法兰克王国查理加冕为"罗马人皇帝"。

中 中国已处于唐朝中期，韩愈、柳宗元等倡导"古文运动"。

公元 14 世纪

外 黑死病在欧洲流行，造成大量欧洲人患病死亡。

中 中国处于元末明初，文学著作《水浒传》《三国演义》等成书。

公元 1453 年

外 奥斯曼土耳其军队攻占拜占庭帝国首都君士坦丁堡，拜占庭灭亡。

中 中国明朝英宗（朱祁镇）已被幽禁在南宫中，其弟景帝（朱祁钰）在位。1457 年，群臣发动政变，拥英宗复位。

注：公元 14 世纪为公元 1300~1399 年，其他世纪照此类推。